Au Palais de Sans-Souci, le 29 Février 1816, l'an 13 de l'Indépendance.

LE COMTE DE LIMONADE,

Secrétaire d'Etat, Ministre des Affaires Etrangères, etc.

À Monsieur le Baron DE VASTEY, Secrétaire du Roi, Membre du Conseil Privé, etc.

MONSIEUR LE BARON,

SA MAJESTÉ m'a commandé de vous adresser les trois Lettres ci-jointes de Catineau Laroche, ex-colon, lesquelles sont arrivées sous mon couvert, par la goëlette américaine Rebecca, capitaine Zadock Baxter, sortant de la Nouvelle-Orléans, entrée hier dans le port du Cap-Henry. L'intention de Sa Majesté est que ces lettres soient rendues publiques par la voie de l'impression, et que vous les fassiez accompagner d'un commentaire pour éclairer l'opinion publique sur la nature et le contenu de ces lettres artificieuses.

J'espère, Monsieur le Baron, que vous ferez tous vos efforts pour remplir les intentions de Sa Majesté, et que par vos réflexions judicieuses, vous fixerez l'opinion des nations qui ont des relations commerciales avec nous, et vous éclairerez la religion de nos concitoyens sur leurs vrais intérêts, comme vous l'avez déjà fait dans votre ouvrage intitulé le Cri de la Conscience.

Je vous autorise d'imprimer la présente en tête de vos pièces, afin qu'elles ayent toute l'authenticité possible.

Veuillez, je vous prie, m'en accuser réception.

J'ai l'honneur de vous saluer avec considération,

DE LIMONADE.

COMMUNICATION

OFFICIELLE de trois Lettres de CATINEAU LAROCHE, ex-Colon, Agent de PETION.

Imprimées et Publiées par Ordre du Gouvernement.

D'APRÈS les ordres que j'ai reçu de S. E. M. le Comte de Limonade, ministre d'état et des affaires étrangères; je vais avoir l'honneur de mettre sous les yeux du public, les trois lettres de l'ex-colon Catineau Laroche; je les commenterai ensuite l'une après l'autre. Heureux si, par mes efforts, je puis remplir d'une manière digne d'un patriote et d'un sujet fidèle, les volontés de mon auguste Souverain, en éclairant mes compatriotes sur leurs vrais intérêts, en leur montrant l'abîme profond dans lequel nos implacables et éternels ennemis, les ex-colons français, veulent les précipiter, et fixer l'opinion publique sur leurs perfidies monstrueuses.

Mais avant que je transcrive ces lettres, qui sont tissues avec tout l'art que le crime, le mensonge et l'hypocrisie le plus raffinés ont jamais pu inventer, il est nécessaire que j'introduise mes lecteurs par une explication préliminaire, pour aider leur intelligence.

Depuis que la France démontre des dispositions hostiles contre le royaume d'Hayti, S. M., notre très-auguste et bien-aimé Souverain, a constamment ordonné que toutes les pièces qui sont parvenues de l'extérieur au cabinet de S. M., et qui ont rapport au gouvernement français, fussent rendues publiques par la voie de l'impression.

Sa Majesté, par cette conduite franche et loyale, a voulu donner au peuple haytien, qui lui a confié ses plus chers intérêts, son existence politique et individuelle, des preuves signalées de la grande confiance qu'elle a dans les lumières du peuple; dans sa loyauté, son courage et sa

détermination, de maintenir ses droits, sa liberté et son indépendance;
dût-il être exterminé par ses tyrans ! C'est pourquoi elle a voulu
que le peuple fût instruit et éclairé sur tout ce qui regarde ses véritables
intérêts, et qu'il pût discerner lui-même ses vrais ennemis, afin de se
prémunir contre les embûches qu'ils n'ont jamais cessé de lui tendre
d'un seul instant, pour le faire tomber dans le précipice et lui ravir,
s'il leur était possible, sa liberté, son indépendance, son existence
même et le fruit de vingt-six années de gloire, de travaux et de
sang répandu !

Sa Majesté, toujours invariable dans la fixité des principes poli-
tiques qu'elle a adoptés, qui lui sont impérieusement commandés par
l'honneur, la reconnaissance, la sûreté et l'intérêt du peuple haytien,
a encore voulu donner des preuves de sa loyauté et de sa bonne foi
aux gouvernemens, dont les fidèles sujets ont constamment aidé et
favorisé le peuple haytien dans les momens où il éprouvait les plus
grandes adversités de la part des français.

Sa Majesté a voulu, pour ainsi dire, initier les gouvernemens
européens dans toutes les affaires secrètes du royaume, en faisant
publier toutes les propositions qui lui ont été faites par l'entremise des
agens français, directement ou indirectement; par ce moyen, S. M. a
fait connaître à l'Univers entier les motifs qui ont dirigé sa conduite et
celle du conseil général de la nation, et qui justifie les actes et les
déterminations de son gouvernement.

Sa Majesté a donné des preuves non équivoques à ses amis, comme
à ses ennemis, de son inébranlable résolution, de ne jamais se départir
des principes fondamentaux du gouvernement du royaume, dont les
bases lui sont recommandées par l'honneur et la reconnaissance,
et reposent sur l'intérêt, la sûreté, la liberté et l'indépendance du
peuple haytien !

C'est dans ces vues et pour remplir les intentions de S. M., notre
auguste Souverain, que S. E. M. le comte de Limonade, secrétaire
d'état et des affaires étrangères, m'ordonna de publier, dans le mois de
Juin

Juin 1815. Les différentes pièces qui prouvent la trahison du général Pétion envers le peuple haytien, et surtout la correspondance de l'ex-colon Catineau Laroche, son agent à Paris, remise au cabinet de Sa Majesté, par le sieur Gentil, qui en était porteur, et qui était chargé, de la part de Catineau Laroche, de la remettre de sa propre main au général Pétion, son complice.

Je m'acquittai de cette tâche dans mon ouvrage intitulé le *Cri de la Conscience,* dans lequel j'ai recueilli les différentes pièces qui prouvent incontestablement la monstrueuse trahison du général Pétion envers le peuple haytien.

C'est pour consommer l'œuvre infernal, que Catineau Laroche avait déjà commencé avec le général Pétion, que cet ex-colon vient de quitter la France, sous un faux prétexte, pour se rendre à la Nouvelle-Orléans, afin d'être plus à proximité de renouer le fil interrompu de sa trame ; déjoué dans ses premières tentatives, il ne s'est point rebuté, après avoir préalablement pris les renseignemens qu'il avait besoin d'avoir sur les lieux, il a combiné les élémens qui doivent composer ses lettres machiavéliques ; [bien convaincu que les premières ont été interceptées] il adresse de la Nouvelle-Orléans, sous le couvert du Ministre d'Etat d'Hayti, un paquet contenant trois lettres, l'une à l'adresse du Roi, l'autre à celle du général Pétion, et la troisième au sieur Gentil, bien persuadé que ces trois lettres préméditées seront lues dans le cabinet du Roi, et qu'elles produiront les grands effets qu'il a tout lieu d'attendre, par l'art extrêmement perfide avec lequel il les a écrites, comme il sera facile à nos lecteurs de s'en convaincre avec un peu de réflexion.

Voici celle écrite au Roi :

« Nouvelle-Orléans, 25 Janvier 1816.

„ S I R E ,

» J'ai eu l'honneur de dire à V. M. dans la dernière lettre que je lui ai adressée par l'entremise de Mrs Thomas Coults et Cie banquiers à Londres, que si je ne recevais pas quelques communications de St-Domingue avant le mois de Juillet, je me déterminerais à me rendre dans cette île, persuadé que j'étais de la nécessité d'instruire V. M. des intentions de la France à l'égard de ce pays. Aucune communication ne m'étant parvenue de la part de V. M., et ne sachant même pas si M. Gentil que j'ai expédié en Février 1815 est arrivé au Cap avec les dépêches dont je l'avais chargé ; craignant d'ailleurs que les lettres qui ont pu m'être adressées n'aient été, comme il arrive souvent, interceptées, et ne pouvant, vû la crainte que j'avais que mes lettres ne fussent ouvertes, donner par écrit tous les renseignemens que je suis en état de donner dans une entrevue, j'ai pris la résolution de me mettre en route pour St-Domingue, après avoir touché à la Nouvelle-Orléans, un événement affreux, qui pendant sept jours, m'a mis entre la vie et la mort sur les bancs de Bahama, et dont la conséquence a été de faire jeter à la mer une partie des marchandises que j'avais chargées sur le navire américain le Sumatra, a prodigieusement allongé mon voyage, en me forçant de relâcher à la Nouvelle-Providence, d'où j'ai été obligé de partir, contre mon attente et faute d'occasions pour St-Domingue, sur le navire qui m'y avait conduit, à l'effet de réclamer à la Nouvelle-Orléans ce qui me reste de mes marchandises. Je suis arrivé ici il y a quatre jours, et j'y attends mon navire que j'ai laissé sur le fleuve. Dès que j'aurai réussi à sauver les débris de ma petite fortune perdue dans ce malheureux événement, je profiterai de la 1ere occasion qui se présentera pour la Jamaïque ou St-Domingue directement, et Votre Majesté peut compter sur mon empressement à lui donner des notions exactes sur l'état actuel de l'Europe qui, à mon avis, présente la plus favorable occasion pour garantir l'indépendance de St-Domingue.

» Si cependant V. M., considérant les embarras d'affaires que je dois éprouver à raison des pertes que je viens d'essuyer, et la longueur des comptes que j'aurai à régler avec les autres chargeurs du Sumatra, préférait envoyer ici une personne intelligente et sûre, je lui donnerais tous les renseignemens qui intéressent le gouvernement de V. M.

» En France, le parti des vieux colons sollicite toujours à la guerre contre St-Domingue, et il y a des puissances étrangères qui, tout en désirant que cette île ne rentre pas sous la domination de la France, ne seraient pas fâchées que les vieilles bandes françaises qui ont tourmenté et pillé l'Europe pendant un long espace de tems, y fussent envoyées pour y trouver la mort. En conséquence, dans la conjoncture actuelle, vous pourriez avoir quelques raisons de craindre vos amis, ceux-là même qui vous donnent des moyens de défense, et de grandes raisons de craindre le gouvernement de France. Cependant, je vous ai ménagé auprès de ce gouvernement un parti puissant et accrédité qui fera naître des obstacles si l'on se dispose à la guerre; mais il serait convenable que le gouvernement de V. M. aidât au succès que se promet ce parti, et ce moyen, qui ne peut vous lier en aucune manière, peut être facilement employé. Ce doit être le sujet d'une entrevue, soit entre moi et votre gouvernement, soit avec un agent sûr, que V. M. pourrait m'adresser ici.

» J'attendrai donc ici des nouvelles de V. Majesté, d'autant mieux qu'il n'y a point d'occasion de se rendre soit à la Jamaïque, soit à St-Domingue. Si cependant le mois prochain s'écoulait sans que je reçusse des nouvelles, et s'il se présentait une occasion, je me rendrais alors à St-Domingue. Il est infiniment utile que V. M. soit avertie de tout ce que l'on projette contre Elle, et ce serait pour moi une grande satisfaction, si je réussissais à calmer pour toujours les orages dont Elle est menacée.

» Pendant mon séjour à la Providence, un navire de Charles-Town en est parti pour le Port-au-Prince. Le capitaine ne pouvait prendre de passager, mais il s'est chargé d'une lettre pour S. Exc. le Président, qui probablement vous aura été communiquée. La France espère toujours, pour conquérir le pays, sur la mésintelligence et l'état de guerre que les colons disent exister entre Votre M. et le général Pétion. C'est une raison puissante pour vous déterminer l'un et l'autre à vivre en bonne harmonie. Si la guerre éclatait entre vous, la France s'appuierait d'un parti pour écraser l'autre, et le parti qu'elle aurait aidé serait écrasé à son tour. Les colons veulent que tout soit exterminé, sans distinction de couleur, comme ils ont entrepris de le faire il y a 13 ans, et il ne faut pas s'abuser à ce sujet, s'ils étaient les plus forts, pas un individu mâle, quelle que soit sa couleur, ne trouverait grâce auprès d'eux.

» Voulez-vous des armes, du plomb, de la poudre, des équipemens et habillemens militaires ? Demandez, et je vous en ferai passer. Votre cause est juste : il y a long tems que je m'y suis associé, et je vous serai toujours fidèle.

» Je suis, avec un profond respect,

» S I R E,

» De Votre Majesté,

» Le très-humble et très-obéissant serviteur,

» CATINEAU LAROCHE ».

» Maison de Mrs Vincent Nolte et Ce

Voici celle adressée au général Pétion :

« Nouvelle-Orléans, 25 Janvier 1816.

» MONSIEUR LE PRÉSIDENT,

» Ma dernière écrite à V. Exc., de la Nouvelle-Providence, et remise au capitaine du navire de Charles-Town qui portait au Port-au-Prince le général Lée, vous a instruit du déplorable événement qui m'est arrivé sur les bancs de Bahama, et de la perte considérable que cet événement m'a fait essuyer. Je vous marquais que mon intention était

de

de rester un mois à la Nouvelle Providence ; mais le bâtiment le Sumatra ayant par la visite qui en a été faite , été jugé en état de continuer sa route , et n'espérant pas trouver de long-temps des occasions pour me rendre à la Nouvelle-Orléans où j'étais appelé par le besoin de sauver les débris de ma petite fortune , je me suis vu forcé de me rembarquer sur ce navire.

» Je suis arrivé ici il y a quatre jours , laissant dans le fleuve le navire qui s'achemine lentement. Mon malheur est tel que ma famille et moi nous sommes arrivés presque nuds , parce qu'une grande parti de nos effets personnels ont été jetés à la mer avec les marchandises.

» Il n'y a ici aucune occasion , soit pour la Jamaïque , soit pour St-Domingue. Ce contre-tems , joint au besoin que j'éprouve de soigner mes petits intérêts , me forcera , à mon grand regret de séjourner ici quelque tems. Si cependant , dans le cours du mois prochain , je n'avais reçu aucune communication de votre part , ni vu aucune personne envoyée par vous avec laquelle je pusse m'expliquer sur les choses qui intéressent votre gouvernement et celui du Roi Henry, je me rendrais à St-Domingue, coûte qu'il coûte , et n'importe par quelle voie. Il y a des choses qu'on ne peut vous laisser ignorer. J'ai quitté la France pour vous les apprendre , parce que c'est le seul moyen d'éviter de grands malheurs.

» Vous devez de tems en tems voir arriver des bâtimens ou français ou expédiés de France , qui viennent , soit directement , soit après avoir touché à Cuba. La plupart de ces expéditions sont faites pour le compte du gouvernement par le Ministre de la marine , et dans la vue d'examiner , dans l'intérêt des colons , ce qui se passe à St-Domingue , et de provoquer quelques mésintelligences. La prudence semble commander que tous les passagers ne soient pas également accueillis , et vous ne pouvez sans inconvénient avoir en tous la même confiance.

» Il y a toujours en France de fortes préventions contre St-Domingue ; les vieux colons sollicitent toujours à la guerre , et parlent toujours d'exterminer la population mâle de toutes couleurs. La cour , qui tient en général à ce que les choses soient partout remises littéralement sur le

C

même pied qu'autrefois , et qui se crispe au nom de liberté, écoute, non sans complaisance , les projets des vieux colons. Sans doute l'âge n'a point rendu plus vigoureux les bras de ces exterminateurs , mais ils espèrent bien que le gouvernement mettra des troupes à leur disposition pour compléter la tâche qu'ils avaient entreprise en 1803. D'un autre côté , les puissances étrangères , qui aujourd'hui gouvernent effectivement la France , ne seraient pas fâchées qu'elle se débarassât du reste des vieilles bandes de Bonaparte , en les envoyant à St-Domingue comme on voiture des cadavres à un tombeau , et le Roi Wellington serait charmé, dit-on , que le Roi Louis prît cette détermination. Sans doute le gouvernement Britannique ne souffrirait pas que la France fît la conquête de St-Domingue , si cette conquête était possible , mais une guerre dans laquelle des français égorgeraient des français , serait , je crois , assez de son goût , parce que d'ailleurs elle aurait pour effet de compléter la dévastation d'un pays dont les productions entrent en concurrence avec les siennes dans les grands marchés de l'Europe.

» On compte toujours , pour réussir , sur une mésintelligence entre vous et le Roi Henry , et quoique vous viviez en bonne harmonie les gazettes françaises annoncent périodiquement que vos troupes s'égorgent entre elles , et donnent à ce sujet des détails rêvés par les colons. Un des plus violens provocateurs de la guerre est un M. Charmilly , qui a résidé dans la Plaine-du-Nord , ensuite dans le Sud , du côté de Plimouth , et qui fesait parti de l'armée anglaise en 1796 ou 1797. L'an dernier , il arriva de Londres à Paris avec des fonds anglais qu'il offrait au gouvernement pour les premiers frais de l'expédition , et demandait à être nommé administrateur en chef de St-Domingue. Son or fit effet , et dès qu'il l'eût montré , les alentours du Roi votèrent pour la guerre.

» S'il y avait de la mésintelligence entre vous et le Roi Henry , une expédition française se joindrait à l'un de vous pour exterminer l'autre , et le parti victorieux serait exterminé à son tour. Les hommes de toutes les couleurs et de tous les partis doivent s'attendre à être sacrifiés , si les colons en ont jamais la puissance.

» L'occasion cependant est favorable pour faire garantir votre indépendance commune par le gouvernement du Roi. Je vous en ai ménagé les moyens par l'entremise de gens sages qui ont de l'influence ; mais il faudrait que vous voulussiez un peu aider au succès de l'entreprise, ce que vous pouvez faire sans vous lier. Le développement de ces moyens exigerait une entrevue, parce qu'ils doivent être modifiés en raison de l'état actuel du pays que je ne connais pas suffisamment, et de circonstances particulières que je peux ignorer. L'essentiel est que vous restiez les maîtres chez vous : voilà le but. Quant aux moyens, nous nous en entretiendrons, soit directement, soit par l'entremise de telle personne de confiance que vous m'adresserez. Dans le cas où je n'aurais pas de réponse en Février, je me présenterais au Port-au-Prince dans le courant de Mars, à moins qu'un autre naufrage ne me jette sur quelque côte déserte ou inhospitalière, ou que les occasions que je trouverai ne soient pour le Cap.

» Je me rappelle au bon souvenir de mes amis, s'il m'en reste près de vous, et vous prie d'agréer l'hommage du profond respect avec lequel je suis,

» DE VOTRE EXCELLENCE,

» Le très-humble et très-obéissant serviteur,

» CATINEAU LAROCHE.

» Maison de Mrs Vincent Nolte et Cie ».

» N. B. Si je ne trouvais des occasions que pour le Nord, j'en profiterais, et me rendrais ensuite près de vous. Il s'agit d'intérêts communs, et qui intéressent tous les habitans sans exception ».

Voici celle adressée à M. Gentil :

« Nouvelle-Orléans, 28 Janvier 1816.

» Sans doute, mon cher Monsieur, vous serez arrivé à Saint-Domingue, et j'aime à croire que vous m'aurez écrit depuis votre arrivée. Mais il n'est que trop vrai qu'excepté les deux lettres que vous m'avez adressées de Londres avant de vous rendre à Portsmouth, je n'ai reçu aucune nouvelle de vous. Je ne sais même pas si ma correspondance dont je vous avais chargé n'est pas restée à Douvres avec la malle que les douaniers ont interceptée.

» Dans l'inquiétude où j'étais à cet égard, j'ai pris le parti de me rapprocher de St Domingue, et j'y serais déjà arrivé, sans des événemens très-fâcheux qui me sont arrivés en mer.

» Je ne sais trop comment vous faire parvenir cette lettre à laquelle je vous prie de répondre avec quelques détails, si elle vous arrive, comme je l'espère.

» Je vous souhaite tout le bonheur désirable, et suis tout à vous.

» C. LAROCHE.

» Maison de Mrs Vincent Nolte et Cie

« Donnez-moi, je vous prie, le prix de la farine, et celui du café et du coton, ainsi que le prix des planches, et particulièrement de merrain pour les boucauds ».

D'après les pièces que nous avons sous les yeux, il n'y a pas de doute que l'ex-colon français Catineau Laroche, préfet, sous-préfet, administrateur du Canal de Saint-Quentin, etc. ne soit maintenant qu'un véritable agent diplomatique, envoyé par le gouvernement français, avec quelques autres collaborateurs, tels qu'étaient Dauxion Lavaysse, Médina et Dravermann, pour prendre des renseignemens sur notre situation intérieure, et surtout combiner avec Pétion les moyens qu'il faudrait employer pour restaurer Hayti à la France.

D'abord, Catineau Laroche feint d'ignorer que le sieur Gentil, au lieu de remettre ses lettres au général Pétion, comme il lui avait chargé, en a fait la remise au cabinet de Sa Majesté, malgré que ces lettres et ces projets criminels aient été rendus publics par la

voie

voie de l'impression ; malgré que ces pièces aient été répandues avec
profusion en Europe , en Amérique , au Continent et dans les îles ,
à la Nouvelle-Orléans comme à la Providence même , et qu'elles sont
connues de tout le monde ; Catineau feint d'ignorer cette circonstance ,
pour dire qu'il avait adressé à Sa Majesté , par l'entremise de MM.
Thomas Coults et compagnie, banquiers à Londres , sa dernière lettre ,
et qu'il ignorait également si M. Gentil , qu'il avait expédié en Février
1815 , était arrivé au Cap-Henry avec la dépêche dont il l'avait
chargée ; dépêche qui nous est effectivement parvenue , qui ren-
fermait deux lettres à l'adresse du Président d'Hayti , en date
des 16 et 17 Février , et des modèles de pouvoir et d'instructions
qui ont été rendus publics par la voie de l'impression ; quant à la
prétendue lettre remise au banquier de Londres , elle ne nous est
pas encore parvenue , et probablement nous ne la recevrons pas de
sitôt , puisqu'elle n'a jamais dû être écrite. D'après ce vil intrigant ,
ce n'est que par des sentimens de bienveillance et pour nous donner
des renseignemens , qu'il a pris la résolution de se mettre en route pour
St-Domingue : un ex-colon abandonner sa patrie , ses fonctions de
magistrat , s'exposer au travers de tous les dangers, pour venir informer
les haytiens des malheurs qui les menacent ! rien ne doit nous paraître
plus étrange et plus suspect ; il faut qu'il nous croit des hommes
bien crédules , quand il s'imagine pouvoir nous faire tomber avec
autant de facilité dans le piège qu'il nous tend. Réfléchissant
ensuite que nous pourrions soupçonner la *pureté* de ses intentions , sur
un voyage entrepris uniquement pour nos intérêts , il bâtit de suite
le roman , qui , selon cet imposteur , doit achever de donner une idée
favorable de son voyage et des motifs qui l'amènent ; sans nous dire
comment il a quitté la France pour se rendre à Hayti, qu'il affecte toujours
d'appeler St Domingue dans tout le cours de ses lettres ; il touche
d'abord à la Nouvelle-Orléans , d'où il se met en route pour St Domingue ; mais un événement affreux , une tempête , jette son bâtiment
sur les bancs de Bahama ; une partie de ses marchandises est jetée à

la mer; enfin, il fallait bien tous ces prétextes pour interrompre son voyage et le forcer de relâcher à la Nouvelle-Providence, d'où il dit avoir été obligé de partir contre son attente, faute d'occasion pour St.-Domingue, sur le même navire qui l'avait conduit, à l'effet de réclamer à la Nouvelle-Orléans ce qui lui restait des marchandises; malgré que l'on ne voit pas trop comment il pouvait lui rester des marchandises à la Nouvelle-Orléans; mais n'importe, il lui fallait bien aussi un prétexte quelconque pour pouvoir y retourner, sans avoir touché à St.-Domingue, but de son voyage. Dans toute cette histoire créée et imaginée par Catineau Laroche, pour nous induire en erreur, voilà la vérité : il paraît que la Nouvelle-Providence est l'endroit où les agens secrets du gouvernement français devaient se réunir pour commencer leur mission d'espionnage, de discorde et de corruption, comme la première fois, ils avaient choisi la Jamaïque. Catineau Laroche et ses vils collaborateurs se sont donc rendus de France à la Nouvelle-Providence, soit par Charles-Town, la Martinique ou la Nouvelle-Orléans. A la Nouvelle-Providence, ils ont dû commencer adroitement par sonder le terrein; après avoir vu les papiers publics d'Hayti, et s'être informé des renseignemens qu'ils avaient besoin pour commencer à diriger leurs opérations, ils se sont convaincus du danger imminent qu'il y avait de s'introduire dans le royaume, pour venir y sonder le terrein; alors des espions français ont dû aller au Port-au-Prince, où ils savent qu'ils seront accueillis par Pétion leur complice; et Catineau Laroche, qui devait se rendre au Cap-Henry, a fait sa retraite prudemment sur la Nouvelle-Orléans. Nos présomptions sont d'autant plus fondées, que Catineau Laroche dit n'avoir point trouvé d'occasion pour le Cap, pour pouvoir s'y rendre, et en même temps l'on voit qu'il a écrit au général Pétion, par le capitaine du navire le Charles-Town, qui portait au Port-au-Prince le général Lée.

Comment peut-il nous dire qu'il a manqué d'occasion à la Nouvelle-Providence pour pouvoir se rendre au Cap-Henry ? tandis qu'il arrive journellement, dans nos ports, des bâtimens de cet endroit, et que nous avons la certitude que Catineau Laroche a vu et parlé à des

négocians anglais et américains qui commercent avec nous, et dont
les bâtimens fréquentent nos ports.

Pourquoi n'a-t-il pas écrit ces trois lettres à la Nouvelle-Providence,
pendant qu'il y était, puisqu'il a écrit audit lieu au général Pétion ?
la raison en est toute simple, parce qu'il ne pouvait pas rester à la
Nouvelle-Providence pour écrire ces lettres impudentes; pour pouvoir
lancer ses calomnies atroces contre le gouvernement anglais; il a donc
bien fallu commencer par se retirer prudemment à la Nouvelle-Orléans;
c'est de cet endroit qu'il reste pour distiller le poison de ses calomnies,
pour combiner les élémens infernaux de la mission d'espionnage, de
discorde et de corruption dont il s'est chargée.

Tout ne prouve-t-il pas que Catineau Laroche est un agent secret
du cabinet français, qui est chargé de poursuivre le plan favori de ce
cabinet, dirigé par les ex-colons ? plan que Dauxion Lavaysse avait
commencé à mettre à exécution au Port-au-Prince, de concert avec le
traître Pétion, et dont Catineau Laroche poursuivait l'exécution en
France, comme il est facile de s'en convaincre, lorsque l'on voudra
se donner la peine de jeter un coup-d'œil sur le recueil des *pièces
relatives aux communications faites au nom du gouvernement
français, au Président d'Hayti, par M. le général Dauxion
Lavaysse, député de S. M. Louis XVIII, Roi de France et de
Navarre, imprimées au Port-au-Prince, et par la correspondance
et pièces interceptées de Catineau Laroche, imprimées au Cap-
Henry dans le Cri de la Conscience, et réimprimées dans la
Gazette Royale d'Hayti, du 8 Février* 1816.

Pour bien fixer son opinion sur le véritable but des lettres de Catineau
Laroche, il est nécessaire de rapporter ses idées sur les premières propositions que Dauxion Lavaysse et lui avaient faites au général Pétion,
dont voici le résumé : Pétion devait renoncer à l'indépendance, pour
conserver l'administration intérieure; il devait être gouverneur général
de la colonie ; les ex-colons devaient rentrer en possession de leurs
biens ; l'esclavage devait être rétabli dans quelques années ; la France
devait avoir le commerce exclusif comme en 1789, des abris pour ses

vaisseaux et corsaires dans nos ports, et un contingent de troupes régu-
lières dans le cas d'une guerre maritime ; Pétion devait se mettre à la
tête des troupes européennes pour faire la guerre au Roi, afin de
réduire la population sous l'autorité de la France.

Telles étaient les propositions faites à Pétion par Dauxion Lavaysse
et Catineau-Laroche ; voici maintenant les causes qui en ont arrêté
l'exécution.

1°. La détermination du Conseil Général de la Nation, sanctionnée
par le Roi, d'être exterminé plutôt que de se soumettre au gouvernement français.

2°. Les instructions secrètes de Franco Médina ayant tombé dans
nos mains, le plan de Dauxion Lavaysse et Pétion, qui était de faire
proclamer l'autorité de Louis XVIII au Port-au-Prince, fut découvert,
et leurs exécrables projets avortèrent, parce que les haytiens eussent
pris les armes contre lui, à la seule idée de retourner sous le joug de la
France ; ce qui aurait compromis sa sécurité et son existence, comme
il en convient lui même dans sa lettre à Dauxion Lavaysse.

3°. La rentrée de Bonaparte en France, la guerre survenue entre
celle-ci et les puissances alliées, vinrent interrompre les intrigues de
Pétion avec les français.

Voilà quel était le véritable état des choses avant la dernière restau-
ration de Louis XVIII ; les ex-colons s'agitent maintenant pour renouer
le fil interrompu de leurs trames ; ce que je vais démontrer jusqu'à
l'évidence même ; je dois la vérité toute entière à mon Roi et à mes
concitoyens ; je la dirai avec toute la franchise d'un patriote dévoué à
son Souverain et à son pays.

Le but principal des ex-colons est donc de lever tous les obstacles qui
s'opposent à l'exécution du traité projeté, et j'ose dire, conclu défi-
nitivement avec le général Pétion. Tous les efforts des ex-colons se
dirigent donc contre le Roi qui s'oppose à l'exécution de ce traité, qui ne
pourra jamais avoir lieu, sans la volonté du Roi et le concours unanime
du peuple haytien. C'est pourquoi les ex-colons se tourmentent et
s'agitent

s'agitent dans tous les sens , pour engager Sa Majesté de traiter avec la France sur les mêmes bases et de concert avec Pétion , pour ensuite aider Pétion , de leurs moyens , pour combattre le Roi ; lorsqu'ils auraient réussi à l'entraîner à faire des démarches qui lui auraient fait perdre son grand caractère aux yeux des nations et des haytiens mêmes.

Aidez-nous un peu seulement , disent les ex-colons ; laissez nous prendre un pied à terre , c'est tout ce que nous vous demandons pour le moment. Mais qui ne connaît point les motifs qui les dirigent ? Qui ne connaît point l'arrière pensée de ces hommes perfides ? Pour parvenir à leurs fins , il n'est point de moyens , de subterfuges et de mensonges, qu'ils n'employent pour faire tomber le Roi dans leurs piéges , pour en faire , s'ils peuvent , un nouveau Toussaint Louverture ; pour l'entraîner à consommer la ruine de son pays et celle de sa famille ! Mais comme ils s'abusent , lorsqu'ils comptent tromper Sa Majesté ; jamais ils trouveront dans le Roi Henry un infortuné Louverture !

Voilà mon auguste Souverain , voilà mes compatriotes , le but où tendent tous les efforts des ex-colons français , la ruine de Sa Majesté notre bien-aimé Souverain , parce qu'il est le défenseur de la liberté et de l'indépendance ; ils veulent sa ruine parce qu'elle entraînerait celle de notre patrie et de nos familles ; enfin , elle nous conduirait à notre anéantissement total. Les projets de nos implacables ennemis sont donc toujours les mêmes , ils ont toujours le même but , notre entière destruction ; ce sont toujours les mêmes tigres , altérés de notre sang , qui se présentent seulement sous de nouvelles formes pour mieux nous plonger leurs poignards assassins.

Dauxion Lavaysse , aussi perfide mais moins dissimulé que Gatineau Laroche , avait employé tour à tour pour nous séduire , la persuasion et la menace , l'aspect des récompenses et des châtimens ; mais Catineau Laroche mille fois plus rusé , se montre à nous sous la forme d'un homme de bien , d'un ami désintéressé ; il s'environne de l'appareil imposant de la vertu, de la vérité même , pour nous entraîner dans le précipice ; son âme scélérate a médité tous les ressorts qui peuvent

E

émouvoir le cœur humain ; il connaît notre situation , notre caractère , nos sentimens ; il s'est identifié pour ainsi dire dans nous même ; il emprunte jusqu'à notre langage , il s'apitoye avec nous sur notre sort ; il prévoit nos malheurs, nous montre les dangers qui nous menacent, nous enseigne même à les éviter, nous promet des moyens de défense, s'associe à notre cause , il l'a trouve juste ; rien ne lui coûte , il nous accorderait encore davantage , pourvu qu'il nous entraîne dans le piége infernal qu'il nous tend, c'est tout ce qu'il a de besoin pour le moment ; il voit l'exécution de ses plans , encore dans le lointain ; il veut nous tenir avant de nous frapper ; et il nous tend les bras pour mieux nous assassiner.

Ce raffinement du crime manquait encore à l'opprobre de ces monstres qui déshonorent l'espèce humaine ; eux seuls pouvaient emprunter le langage de l'humanité, de la vertu, de la vérité même, pour faire servir ces sentimens sublimes , d'instrumens de crimes et de vengeance pour séduire des hommes crédules et anéantir l'innocence opprimée !

L'état actuel de l'Europe, dit Catineau Laroche , présente la plus favorable occasion pour garantir l'indépendance de Saint-Domingue.

Pourquoi donc toujours St-Domingue ? Pourquoi donc pas l'indépendance d'Hayti ? lorsque ce perfide ne veut pas même prononcer le mot d'Hayti, son intention et celle de ceux qui l'envoyent , peuvent-elle être de reconnaître notre indépendance ? indépendance absolue du royaume, tant en matière de gouvernement que de commerce comme nous la voulons et comme nous prétendons l'obtenir en dépit de ces tyrans ! qui n'est point cette espèce d'indépendance , proposée au général Pétion, qui n'est qu'un palliatif inventé par les ex-colons , pour nous entraîner sans secousses violentes et par gradation dans les horreurs de l'esclavage !

Catineau , faisant réflexion sur le danger qu'il y aurait de s'introduire dans le royaume pour nous tendre ses piéges et nous faire des propositions aussi déshonorantes , prétexte de suite l'embarras de ses affaires , la longueur des comptes qu'il aura à régler avec les autres chargeurs du Sumatra , pour demander que Sa Majesté lui envoie une personne intelligente et sûre , à qui il donnera tous les renseignemens qui intéressent le gouvernement de Sa Majesté.

Serions-nous donc assez aveuglés, haytiens, ou serions-nous donc dépourvus de l'entendement humain, pour désirer encore d'avoir des renseignemens sur la France et surtout des renseignemens, provenant de la part d'un ex-colon, dont nous connaissons déjà l'immoralité ? quels renseignemens plus exacts pouvons-nous avoir sur la France, que ceux que nous avons acquis par 26 ans de la plus cruelle expérience ? Ne connaissons nous pas les projets des français à notre égard, sans que nous ayons encore besoin de les apprendre par l'organe d'un ex-colon ? En vain, nous voudrions les oublier, que les flammes des bûchers, les gibets et les chiens dévorateurs, nous en rappelleraient encore l'horrible souvenir ! Quoi ! le sang de nos familles, de nos pères et de nos enfans fume encore ! que dis-je ? il n'y a pas si long temps que les mots d'esclaves révoltés, d'extermination, d'être traités comme des sauvages malfaisans et traqués comme des nègres marrons, ont retenti dans nos oreilles ; ils le disent à nous mêmes, et nous pourrions encore écouter le langage des français ! serions-nous donc des hommes stupides ou des bêtes brutes, privés d'instinct, comme les ex-colons nous dépeignent, pour ne pas songer à notre propre conservation ?

Si cet homme pervers et méchant avait eu de bonnes intentions, serait-il venu jusqu'à la Nouvelle-Providence, pour s'en retourner à la Nouvelle-Orléans pour demander une personne intelligente et sûre à qui il aurait pu confier ses prétendus renseignemens ? Pourquoi n'est-il pas venu nous les apporter lui-même ? Il y serait venu, sans doute, s'il n'avait pas craint d'aventurer sa personne, dans l'exécution de ses projets criminels.

Pour s'introduire dans notre confiance, il nous parle de ces vieux colons qui sollicitent toujours à la guerre contre St-Domingue, comme si lui-même n'était pas un de ces vieux colons, artisans de crimes, et envoyé par eux-mêmes pour employer des moyens encore plus perfides que ceux qu'ils ont déjà employés, afin de parvenir au même résultat, notre entière destruction.

Vous le voyez distiller son venin contre l'Angleterre, sans cependant la désigner de suite, pour ne pas froisser notre imagination : *Il y a, dit-il, des puissances étrangères qui, tout en désirant que cette île ne rentre pas sous la domination de la France, ne seraient pas fâchées que les vieilles bandes françaises qui ont tourmenté et pillé l'Europe pendant un long espace de tems, y fussent envoyées pour y trouver la mort.*

Comme si les puissances alliées de l'Europe ont eu besoin d'employer ces vils moyens pour réduire les bandes françaises, et à les empêcher de continuer le pillage et la dévastation de l'Europe. A Warterloo les braves armées anglaises et prussiennes, ne les ont-elles pas détruites ces vieilles bandes ? Ces puissances ont-elles eu besoin de les envoyer à Hayti pour s'en défaire ? Malheureux ! c'est ainsi que vous lancez vos infâmes calomnies sur les souverains, pères des peuples, et que vous vous jouez de la vie des hommes pour satisfaire vos passions effrénées ! Eh ! bien, si vous avez de vieilles bandes que votre gouvernement, ou pour mieux dire les ex-colons, veulent faire détruire, vous pouvez les envoyer à Hayti, vos criminelles et barbares intentions seront remplies.

Mais vous monstres ex - colons ! qui déshonorez l'espèce humaine, qui ne rêvez dans votre imagination que le crime et la destruction des hommes ; vous qui prêchez impudemment cette doctrine immorale qui doit vous rendre à jamais en horreur et en exécration aux yeux des souverains et des peuples ; réunissez-vous toutes bandes impies ; mettez-vous en avant-garde à la tête des victimes que vous entraînerez à votre suite pour être immolées ; c'est alors que nous vous ferons voir qu'il est beaucoup plus facile à des êtres immoraux, tels que vous, de parler de l'extermination d'un peuple que de pouvoir l'exécuter ! ! !

Catineau Laroche, après nous avoir prémuni contre les vieux colons, calomnié les puissances, menacé des vieilles bandes françaises, fait éclater son projet infernal de vouloir nous brouiller avec les nations amies qui commercent avec nous.

Dans

Dans cette conjoncture actuelle, dit-il, vous pourriez avoir quelques raisons de craindre vos amis, ceux-là même qui vous donnent des moyens de défense, et de grandes raisons de craindre le gouvernement français. Cependant je vous ai ménagé auprès de ce gouvernement un parti puissant et accrédité.

Malgré tout l'art de Catineau Laroche pour envelopper ses projets d'un nuage impénétrable, ils éclatent dans tous leurs jours dans ce seul paragraphe.

Il commence par exciter notre défiance contre nos amis, et de crainte que nous puissions pénétrer ses véritables intentions, il nous présente de suite le gouvernement français, comme également à craindre pour nous; après nous avoir placés dans cette alternative, il nous présente son parti *puissant et accrédité*, comme la seule ressource qui nous reste pour pouvoir nous sauver; et ce parti, c'est lui-même, c'est Catineau Laroche, c'est la tourbe des ex-colons, c'est le gouvernement français même influencé et dirigé par eux: il nous place ainsi entre deux écueils; il nous montre le port du salut devant nous: entrez, dit-il en lui-même, entrez à pleines voiles; c'est lorsqu'ils croiront avoir évité l'abîme que nous pourrons mieux les engloutir.

Quelle raison pourrions-nous avoir de craindre nos amis? Pourquoi nous refuseraient-ils ces mêmes sentimens de justice, d'humanité et de bienfaisance universelle, qui les animent envers toutes les nations du monde, sans égard aux différentes nuances des couleurs qu'il a plu à la divinité d'imprimer sur leurs fronts? Serait-ce pour vous aider à consommer vos projets assassins, qu'ils iraient souiller cette gloire immortelle, qu'ils ont si justement acquise?

Si Catineau Laroche n'était pas un agent secret du gouvernement français, aurait-il pu nous dire aussi pertinemment, qu'il nous a ménagé en France un parti puissant et accrédité? S'il n'était véritablement qu'un marchand, quelle influence pourrait-il avoir en France pour faire mouvoir le gouvernement ou en comprimer les ressorts à son gré? Mais il ajoute: *Il faudrait que le gouvernement de Sa*

F

Majesté aidât au succès de ce parti ; et ce moyen qui ne peut
vous lier en aucune manière peut être facilement employé, ce
doit être le sujet d'une entrevue, soit entre moi et votre gouver-
nement, soit avec un agent sûr, que votre Majesté pourrait m'a-
dresser ici.

Puisqu'il est prouvé que ce parti de Catineau Laroche est le parti
même des ex-colons et du gouvernement français, il est bien certain
pour que Sa Majesté aidât ce parti, il faudrait qu'elle prêtât l'oreille
aux insinuations perfides des français, pour travailler elle-même à
consommer sa ruine, celle de sa famille et de ses concitoyens ; et ce
moyen qui ne doit pas lier Sa Majesté, en aucune manière, serait le
moyen certain qui conduirait Sa Majesté et le peuple haytien dans une
perte indubitable, par les funestes conséquences qui en résulteraient.
Pourquoi Catineau Laroche se tient-il à la Nouvelle-Orléans pour
demander une entrevue avec un agent de Sa Majesté ? Que ne vient-il
à Hayti pour proposer au Roi ce moyen facile qui ne doit pas le lier
en aucune manière ?

Sire, l'infortuné Toussaint Louverture a été trompé par ses alentours ;
la plupart étaient des français ; ils l'ont précipité à sa perte ; et ses
malheurs ont attiré des maux incalculables sur notre malheureuse patrie.
Votre Majesté est environnée de sujets fidèles qui la servent avec
amour, avec un zèle infatigable : vous n'existez que pour eux, et ils
n'existent de même que pour vous : le sang qui coule dans vos veines,
coule aussi dans les leurs ; votre vie est la vie des haytiens vos fidèles
sujets, vos concitoyens et vos frères, nos intérêts sont les vôtres ; vous
ne pouvez pas être trompé par ceux qui se considèrent comme vos
propres enfans ; j'ose me compter dans le nombre ; je ne trahirai point
la confiance dont Votre Majesté a bien voulu m'honorer ; je lui dirai
toujours la pure vérité ; la destinée de mon pays, la conservation de
Votre Majesté, celle de mes concitoyens, de ma famille, la mienne
propre, m'en font une impérieuse loi !

Feu gouverneur Toussaint Louverture avait toujours servi fidèle-
ment les français ; il avait toujours été le protecteur des ex-colons ;

pour récompenser ses services et son attachement à la France et aux ex-colons, ils l'ont fait périr dans un affreux cachot; vous, Sire, qui avez toujours combattu ces éternels ennemis de notre pays; vous qui leur avez voué une haine implacable; vous que le vertueux Toussaint invoquait du fond de son cachot pour être son vengeur, peuvent-ils vous conserver des sentimens de bienveillance lorsqu'ils ont fait périr, par la mort réservée aux scélérats, celui qui les avait comblé de bienfaits !

Catineau Laroche prend le ton du plus tendre intérêt pour dire à Sa Majesté, qu'il éprouverait une grande satisfaction, *s'il réussissait à calmer pour toujours les orages dont elle est menacée.*

Ces orages dont Catineau Laroche veut parler, c'est l'arrivée des français incessamment pour nous combattre; ces orages ne sont pas seulement pour Sa Majesté, mais pour le peuple haytien dans son entier, que les ex-colons et les français veulent plonger dans les horreurs de l'esclavage; ces orages qui grondent sur nos têtes, pourront bien éclater sur la tête de leurs auteurs. Pouvons-nous craindre Pétion, les ex-colons, les français réunis pour nous apporter de nouveaux fers ? Ne sommes nous pas assez puissans pour les terrasser réunis ensemble ?

Haytiens, mes frères, noirs et jaunes des parties de l'Ouest et du Sud, quel est celui d'entre vous, si le général Pétion, oubliant ce qu'il se doit à lui-même et à son pays, avait la monstruosité de vous proposer de servir d'instrumens pour former le parti des français, ce parti qui doit être écrasé à son tour; quel est, dis-je, celui d'entre vous qui ne tournerait pas sur-le-champ ses armes contre ce traître : non, il n'est pas un seul parmi vous qui voudrait encore porter les armes contre sa patrie, contre ses frères, contre sa propre cause, pour servir la cause des tyrans, et préparer lui-même les instrumens des horribles supplices qui sont la récompense que les français réservent aux traîtres qui les auront servis.

Rappellons nous quelle a été la récompense de ceux qui avaient le mieux servis les français, sous les Leclerc et les Rochambeau; ils n'avaient à cette époque aucune raison d'exercer des vengeances contr'eux, puisqu'ils ne leur avaient rien fait ; à peine se sont-ils cru les maîtres, n'ont-ils pas fait noyer, pendre, brûler, manger par les chiens, ceux-là mêmes qui les avaient le mieux servis ?

À notre tour nous avons usé de représailles ; que feront-ils donc à présent qu'ils ont des vengeances à exercer ? rappellons-nous de la manière que nous les avons traités, lorsque nous avons été victorieux ? Si jamais ils venaient à triompher de nous, à ce que Dieu ne plaise, nous épargneraient-ils davantage ? Que de raisons n'avons-nous donc pas pour nous réunir et combattre nos ennemis communs, après avoir été tant de fois victimes et trompés ? quel est celui de nous qui pourrait l'être encore ?

Ex-colons français, serez vous donc incorrigibles ? Ne perdrez vous jamais l'espérance de pouvoir nous diviser, pour mieux nous asservir ou nous exterminer ? Qui a pu donc nourrir vos esprits infernaux, du barbare espoir de faire les haytiens s'entr'égorger, pour servir vos criminels projets, pour être eux-mêmes les instrumens de leur destruction ? Catineau Laroche, après avoir employé tous les moyens qui lui ont été suggérés par sa politique perfide, pour nous entraîner dans le piége qu'il nous a tendu, met tout son art pour faire de la fin de sa lettre un chef-d'œuvre de perfidie. Notre indignation éclate et devient à son comble, lorsque nous le voyons divulguer lui-même ses affreux projets; pour pouvoir s'insinuer dans notre confiance et ne nous laisser aucun doute sur la pureté de ses intentions : *Si la guerre*, dit-il, *éclatait entre vous, la France s'appuierait d'un parti pour écraser l'autre, et le parti qu'elle aurait aidé serait écrasé à son tour. Les colons veulent que tout soit exterminé, sans distinction de couleur, comme ils ont entrepris de le faire il y a 13 ans, et il ne faut pas s'abuser à ce sujet, s'ils étaient les plus forts, pas un individu mâle quelle que soit sa couleur, ne trouverait grâce auprès d'eux.*

Voilà positivement la vérité, et c'est-là positivement le plan des français et de Catineau Laroche ! ce parti qui doit écraser l'autre, et qui doit être écrasé à son tour, c'est le parti de Pétion ; que vous cher-

chez

chez à former et à favoriser, et lorsque vous nous recommandez de vivre en bonne harmonie, ne soufflez vous pas ailleurs le feu de la discorde ? Ne faites vous pas des vœux et tous vos efforts pour que les haytiens s'entr'égorgent, comme vous et *vos pareils* n'ont jamais cessé de le faire d'un seul instant ? Ce qui met le comble à la scélératesse inouie de Catineau Laroche, c'est qu'il dit lui-même, le sort qui est réservé au parti qui aura eu l'infamie de servir la cause des français pour écraser l'autre, pour combattre contre leurs frères, contre leur propre cause, contr'eux mêmes ! Catineau Laroche nous dit ces grandes vérités, parce que dans la noirceur de son âme, il a médité tous les raffinemens du crime, c'est le seul moyen qui lui reste pour achever de capter notre confiance, c'est le seul qu'il a pu inventer pour nous aveugler complétement sur sa trame perfide, et pour achever de nous entraîner dans son piége, pour dissiper tous nos doutes, faire cesser cette défiance invincible que nous avons des français ; enfin, pour lever toutes les objections que nous pourrions lui faire, il s'empresse de nous dire : *Voulez vous des armes, du plomb, de la poudre, des équipemens et habillemens militaires, demandez et je vous en ferai passer, votre cause est juste, il y a long tems que je m'y suis associé.* Non, nous n'avons besoin de rien, et nous ne te demandons rien ; nous n'attendons rien de bon des français ; nous savons qu'ils sont capables de tout, hors le bien. Catineau Laroche a donc de bien grands moyens pour pouvoir nous fournir nos besoins ! que ce langage contraste avec cet état de nudité et de misère, dont il se dit réduit ; réservez pour vos vils satellites vos perfides secours. Nous sommes préparés depuis long-temps à attendre les français ; nous sommes abondamment pourvus d'armes, de plomb, de poudre, d'habillemens et d'équipemens militaires, et nous avons surtout en artillerie un matériel immense prêt à les foudroyer ! Catineau a donc oublié de nous en offrir ?

Je passe à la lettre de Catineau Laroche au général Pétion.

Cette lettre, quand au fond, est la même que celle écrite au Roi, ayant été basées l'une sur l'autre pour nous induire en erreur, tandis

G

que Catineau Laroche tient une correspondance d'une nature bien différente avec le général Pétion, comme nous ne pouvons en douter par sa correspondance antérieure que nous avons interceptée.

Nous voyons dans la lettre de Catineau Laroche, au général Pétion, la même histoire de ses prétendus malheurs, les mêmes calomnies, les mêmes horreurs, les mêmes artifices, pour parvenir à son but, que dans la lettre du Roi, à l'exception cependant d'un certain degré de confiance et d'affinité, qu'il a de plus pour Pétion, son ami; il est moins modéré, il est plus énergique dans ses expressions, et il ne faut pas avoir un jugement bien éclairé, pour ne pas se convaincre qu'il sont très bien ensemble, et qu'ils correspondent depuis long-temps; la sagacité de mes lecteurs, les mettra à même de mieux apprécier cette différence, que je puis le faire par mes raisonnemens.

Je ne puis m'empêcher, cependant de jeter quelques réflexions sur les passages qui ont le plus mérité mon attention.

L'on découvre par exemple, dans cette phrase, une imposture avérée : *Il n'y a ici aucune occasion , soit pour la Jamaïque , soit pour St-Domingue.* Pourquoi Catineau Laroche qui doit se rendre à St-Domingue, coûte qu'il coûte, et n'importe par quelle voie, pourquoi, dis-je, au lieu de nous écrire par l'occasion de la goëlette américaine qui nous a apporté ces lettres, pourquoi ne s'est-il pas embarqué à bord de cette goëlette ? Pouvait-il avoir une meilleure occasion pour se rendre à St-Domingue ? C'est une preuve surabondante de sa fourberie, que nous n'avions pas de besoin pour en convaincre nos lecteurs; mais n'importe, elle n'est que plus prouvée, plus manifeste; nous ne devons pas laisser ignorer qu'à bord de la même goëlette il y avait un français colon nommé Duplessis, qui probablement a dû être envoyé par Catineau Laroche pour sonder le terrein.

Le passage suivant donnera la mesure de l'insigne mauvaise foi de Catineau Laroche.

Vous devez de tems en tems voir arriver des bâtimens ou français ou expédiés de France, qui viennent, soit directement, soit après avoir touché à Cuba. La plupart de ces expéditions sont faites pour le compte du gouvernement par le Ministre de la marine, et dans la vue d'examiner, dans l'intérêt des colons, se qui se passe à St-Domingue, et de provoquer quelques mésintelligences. La prudence semble commander que tous les passagers ne soient également accueillis, et vous ne pouvez sans inconvénient avoir en tous la même confiance.

Y a-t-il rien qui puisse mieux caractériser la scélératesse de cet ex-colon , que de vouloir nous prémunir contre les intrigues des français , dans l'instant même qu'il envoie un de ses espions *dans la vue d'examiner dans l'intérêt des colons , ce qui se passe à St-Domingue et provoquer quelques mésintelligences.* Comme si nous avions besoin d'apprendre d'un ex-colon les mesures de sûreté, que nous devons prendre contre eux; nous ne devons pas , dit-il, avoir confiance en tous , c'est-à-dire que nous pourrions avoir confiance à quelques-uns , surtout comme Catineau Laroche. Il faudrait que nous aurions perdu le bon sens, pour accorder l'ombre de confiance à un français quelconque. Mais Catineau Laroche veut nous aveugler sur le compte de Pétion; il sait que Pétion entretient des intelligences avec les français; il sait qu'il reçoit des bâtimens français dans ses ports ; il sait qu'il est environné de français et qu'il les reçoit pour faire germer la corruption parmi le peuple , afin de pouvoir le livrer avec plus de facilité à ses tyrans. C'est pourquoi il a imaginé de pouvoir couvrir les intrigues de Pétion avec les français , dans cette phrase artificieuse.

La cour, dit-il , qui tient en général à ce que les choses soient partout remises littéralement sur le même pied qu'autrefois, et qui se crispe au nom de liberté, écoute, non sans complaisance, les projets des vieux colons.

Si la cour de France est dans de telles dispositions, d'après le propre aveu de Catineau, si elle se crispe au seul nom de liberté , comment peut-elle vouloir entendre parler de l'indépendance d'Hayti ? Si elle veut rétablir en France littéralement les choses sur le même pied que dans l'ancien régime , peut-elle vouloir entendre parler de la liberté des noirs ;

et de leur égalité en droit avec les blancs ? cela est impossible ; donc Catineau est un imposteur qui cherche tous les moyens pour pouvoir nous tromper , pour remplir les vues de la cour de France !

Sa haine profonde contre les nations étrangères éclate avec encore plus de violence que dans sa lettre au Roi. *D'un autre coté, dit-il à Pétion, les puissances étrangères, qui aujourd'hui gouvernent effectivement la France, ne seraient pas fâchées qu'elle se débarrassât du reste des vieilles bandes de Bonaparte, en les envoyant à St-Domingue comme on voiture des cadavres à un tombeau, et le Roi Wellington serait charmé, dit-on, que le Roi Louis prît cette détermination. Sans doute le gouvernement Britannique ne souffriraitpas que la France fît laconquête de St Domingue, si cette conquête était possible, mais une guerre dans laquelle des français égorgeraient des français, serait, je crois, assez de son goût, parce que d'ailleurs elle aurait pour effet de compléter la devastation d'un pays dont les productions entrent en concurrence avec les siennes dans les grands marchés de l'Europe.*

Les passions effrénées qui agitent les français se montrent à découvert dans ce seul passage ; Catineau insulte le héros Britannique qu'il appelle *le Roi Wellington*, et le gouvernement de la Grande-Bretagne, en leur prêtant les horribles intentions des ex-colons et du cabinet français, qui veulent faire détruire les restes des vieilles bandes de Bonaparte ; *mais une guerre dans laquelle des français égorgeraient des français, serait, je crois assez de son goût.* Dans ces paroles abominables , ne reconnaît-on pas tout le machiavélisme des français à l'égard de l'Angleterre ? Ce ne serait pas des français qui égorgeront des français, mais des haytiens qui s'entr'égorgeront avec des français ; des hommes qui défendront leur existence contre des brigands et des forcenés qui viendront pour les détruire. Nous sommes haytiens ; il y a 13 ans que nous avons renoncé à la France ; nous avons juré de ne jamais nous soumettre à sa cruelle et tyrannique domination ; nous ne sommes pas français, et nous ne le serons jamais ; qui a pu donc autoriser Catineau de nous donner

l'épithète

l'*épithète* de français ? Mais je m'oublie, c'est à Pétion à qui il adresse
ses infamies ; Pétion qui veut être français peut bien les entendre !

Pourquoi Catineau oublie de nous citer les noms des provocateurs
vivans qui l'envoient, pour nous parler d'un Charmilly, mort à Gand
depuis 1815 ? L'intention perfide de Catineau se découvre bien claire-
ment, parce que Charmilly a servi dans l'armée anglaise en 1796 ou
1797 ; parce qu'il avait des fonds anglais qu'il offrait au gouvernement
français pour les premiers frais de l'expédition; son or fit effet, etc. etc.
Suivant Catineau, ce sont des raisons pour exciter notre défiance contre
cette grande nation, pour favoriser exclusivement les français ; telle est
la politique artificieuse des agens français. Dauxion Lavaysse nous
avait tenu le même langage à l'égard du cabinet britannique, nous
n'avons pas tombé alors dans ses piéges, nous ne tomberons pas davantage dans les filets de Catineau et autres.

Le gouvernement français aura beau proroger de cinq ans en cinq
ans le payement des dettes des ex-colons, que de siècles s'écouleront,
qu'ils ne pourront recevoir d'Hayti un denier pour les acquitter. Quand
donc ces faiseurs de dupes cesseront d'emprunter dans la conviction de
ne pouvoir jamais rendre ? Quand donc les négocians cesseront de
prodiguer leurs capitaux à ces hommes immoraux, qui leur feront
perdre les intérêts avec le principal ? Négocians crédules, faites de vos
richesses un plus noble usage, au lieu de les employer pour assouvir
les passions effrénées des ex-colons !

La lettre de Catineau au sieur Gentil est écrite avec un froid glacial; il
ne lui pardonne pas d'avoir fait la remise au Roi, des lettres qui l'avait
chargé de remettre au général Pétion ; malgré qu'il a la certitude de ce
malheureux événement, il aime encore mieux en jeter la faute sur les
anglais. *Je ne sais même pas*, dit-il avec humeur, *si ma correspondance dont je vous avais chargé n'est pas restée à Douvres avec la
malle que les douaniers ont interceptée.*

Tel est le contenu des lettres artificieuses de Catineau Laroche, les
projets des français à notre égard sont toujours les mêmes. Jamais la

H

France ne voudra reconnaître volontairement l'indépendance absolue du royaume d'Hayti , tant en matière de gouvernement que de commerce ; elle ne peut pas nous subjuguer par la force des armes , elle emploie tous les moyens qui lui sont suggérés par les ex-colons , pour parvenir à détruire notre population ; des promesses fallacieuses , des menaces atroces et sanguinaires , tous les moyens les plus criminels lui sont également bons , pourvu qu'elle nous ravisse la liberté et l'indépendance , que nous avons acquises au prix de notre sang. Quoi ! nous ne pourrions donc pas même nous livrer paisiblement à la culture de nos terres et commercer avec les nations amies qui nous fournissent nos besoins en échange contre nos produits territoriaux. De tous les peuples de la terre , serions-nous le seul qui serait condamné à ne pouvoir vivre en paix , sans porter des fers ? Serions-nous donc exclus du privilége universel accordé au genre humain par le père commun des hommes ? Ne pourrions-nous donc pas respirer l'air pur de la liberté dans la patrie qui nous a donné le jour ? Qui peut donc nous déshériter des droits que nous tenons de Dieu , de la nature et de la justice ? Quelle cause fut jamais plus juste que la nôtre ? Quel peuple eût jamais plus de droit à la liberté et à l'indépendance , j'ose dire , même à la bienveillance universelle des hommes , que le peuple haytien , par ses longs malheurs et ses cruelles infortunes ? Mais non, nous ne sommes pas des hommes, notre épiderme est noire. Si le Royaume d'Hayti subsiste , tout l'échafaudage du crime élevé contre l'espèce humaine tombe ; il faut donc nous exterminer !...... Si les français viennent pour exécuter leurs projets destructeurs , nous ne les craignons pas ! Croyent-ils que la crainte d'être exterminés puisse influer sur notre détermination ? Renoncer à la liberté , à la félicité , à la gloire où nous sommes parvenus , pour revivre dans l'opprobre et l'ignominie , sous le joug de ces odieux tyrans , être encore esclaves ou périr glorieusement sur un champ de bataille , notre choix peut-il être douteux ? nous volerons avec des transports d'allégresse à la mort des héros , à la vengeance et à la victoire ! Ne nous ont-ils pas déjà menacé de nous exterminer ? Avons-nous hésité à les répondre ? Nous avons souscrit à leur menace , nous avons demandé et nous demandons encore d'être exterminés jusqu'au dernier, plutôt que de renoncer à la liberté et à l'indépendance !

Croyent-ils que nous resterons oisifs et les bras croisés, pour nous laisser exterminer ? tout ce que nous demandons aux ex-colons, c'est qu'ils nous tiennent parole ; qu'ils se mettent au premier rang, et nous avons la ferme assurance, qu'au lieu d'être les exterminateurs, ils seront les exterminés ; et que le sol d'Hayti s'abreuvera encore du sang de ces cannibales !

C'est à Pétion, haytiens, à qui nous devons cette insolence des ex-colons ; c'est lui qui a eu la lâcheté de fléchir les genoux devant eux ; c'est lui qui a nourri dans le cœur des ex-colons l'espoir de pouvoir nous rendre encore esclaves ou de nous exterminer ! Sans la bassesse du caractère de Pétion, sans ses adulations aux français, sans son insigne trahison, jamais les ex-colons auraient osé nous tenir ce langage.

Je n'aurai rempli qu'imparfaitement ma tâche d'homme public et d'haytien, si, après avoir signalé à mon gouvernement et à mes concitoyens les maux que les français nous préparent, je ne soumettais les vues que je crois les plus propres pour les éviter.

L'histoire et l'expérience nous apprennent qu'une politique fausse et faible entraîne sur les gouvernemens et les peuples qui la suivent des calamités bien plus grandes que la perte des batailles les plus sanglantes ; ce n'est donc que dans la politique ferme, sage et éclairée du gouvernement de Sa Majesté, que le peuple haytien doit trouver les moyens de sûreté et de salut public.

Il faut trancher le mal dans sa racine.

Le but des français étant de s'introduire dans le royaume pour provoquer des mésintelligences, fomenter des troubles et la guerre civile ; la prudence commande au gouvernement de Sa Majesté, de ne point admettre dans le pays aucun français, ni bâtiment de cette puissance, masqués ou non, par des expéditions étrangères, jusqu'à ce que notre indépendance absolue, tant en matière de gouvernement que de commerce, soit reconnue par le gouvernement français.

C'est autour du Roi que tous les haytiens doivent se rallier pour défendre leur existence, celle de leur famille, la liberté et l'indépendance de leur pays ; c'est donc au gouvernement de Sa Majesté de continuer à éclairer le peuple sur ses vrais intérêts, d'aplanir tous les obstacles, pour que tous les haytiens, sans distinction de couleur, puissent trouver auprès du Roi, père du peuple, un ferme appui, une garantie assurée pour défendre nos droits, notre liberté et notre indépendance !

Au Cap-Henry, chez P. Roux, imprimeur du Roi.

9 782019 974831